EN VENTE

EN VENTE
CHEZ L'AUTEUR, M. DU SAUSSOIS,
17, RUE D'UZÈS, A PARIS

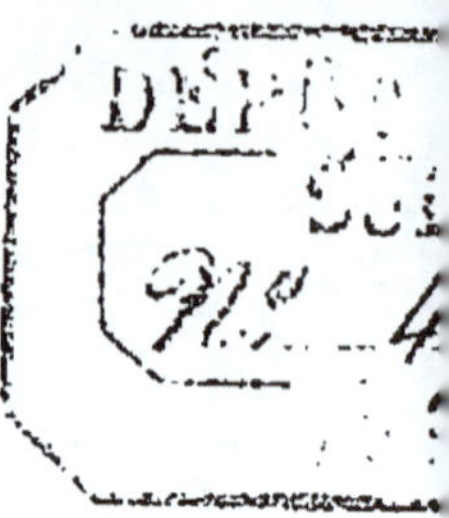

MONSEIGNEUR

LE

COMTE DE PARIS

Chef de la maison royale de France

> « Il ne suffit pas que le parti
> « royaliste soit définitivement
> « uni ; il doit surtout affirmer
> « son existence et user de toutes
> « les forces dont il dispose pour
> « combattre résolument la Ré-
> « publique et préparer le réta-
> « tablissement de la royauté. »
>
> *« Le comte de Paris et le*
> *parti monarchique. »*

1885

MONSEIGNEUR

LE

COMTE DE PARIS

Chef de la Maison royale de France.

——◦◦❦◦◦——

Puisqu'il faut revenir résolument et forcément au régime de la royauté séculaire, tous les regards doivent se porter vers le prince héritier de notre roi, vers le prince aujourd'hui chef de la grande Maison royale de France, et qui est le seul représentant de notre monarchie nationale, c'est-à-dire vers

Monseigneur le comte de Paris, en qui se concentrent toutes les espérances de la France qui veut vivre et se relever.

Le prince est de haute taille; la tournure est élégante et jeune, l'allure est décidée, le front large et découvert, les yeux très bleus brillent d'intelligence et de bonté.

Monseigneur le Comte de Paris a aujourd'hui quarante-six ans; il est dans la force de l'âge. Fidèle aux souvenirs de sa jeunesse, le Prince aime à s'entourer des tableaux qui reproduisent les principaux épisodes des campagnes de son père et de celles de ses oncles, en Algérie.

Esprit d'une haute portée, tout à fait énergique et réfléchi, il se renseigne et s'éclaire constamment sur les besoins du peuple qu'il est destiné à gouverner. Son caractère est ferme, et lorsqu'il a pris une décision après y avoir bien médité, elle est irrévocable. Il y aura peu d'influence à exercer sur lui autrement que par les bons conseils et les bons services.

Dès qu'il entrevoit un devoir à remplir, il y court comme il courait à la charge dans les plaines de la Virgina. Il est comme son aïeul Henri IV « le premier dans le conseil et le premier dans l'action. »

Descendant de ces rois qui, à la pointe de leur épée, sous leur armure aussi bien que sous leur manteau fleurdelisé, ont fait la France, il sait que les princes de sa race n'ont cherché et dû leur illustration que dans la grandeur du pays.

Tout jeune, il étudiait l'histoire de France dans la galerie des batailles du palais de

Versailles. Il y voyait Charles Martel à Poitiers , Philippe-Auguste à Bouvines , saint Louis à Taillebourg, le roi Jean à Poitiers, François Ier à Marignan, Henri IV à Arques, Louis XIV au passage du Rhin, Louis XV à Fontenoy, son oncle, le duc d'Aumale, se jetant à vingt-trois ans, avec une poignée de cavaliers, sur la smala d'Abd-el-Kader... et tous ces exemples enflammaient son courage et révélaient son héroïsme.

Le Comte de Paris, que sa naissance et la mort de notre bien-aimé roi ont fait le chef de la famille royale, est donc digne du nom qu'il porte et des destinées qui l'attendent.

En 1864, il épousa la princesse Isabelle d'Orléans, sa cousine, qui est aussi intelligente que bonne et gracieuse. Monseigneur a cinq enfants : quatre charmantes princesses et un fils, le jeune duc d'Orléans, qui fait en ce moment de brillantes études et que son père élève dans l'amour de la France.

Pendant les années d'exil, Monseigneur le Comte de Paris a écrit l'*Histoire de la Guerre américaine* et un autre ouvrage très remarquable qui le recommande tout particulièrement aux classes laborieuses, intitulé : *Situation et conditions du travail en Angleterre*. Faisant allusion à ce que le travail devrait être en France, il termine ce livre par ces belles et libérales pensées :

« Le progrès des classes ouvrières et la solution pacifique des grandes questions qui s'y rattachent sont dans tous les pays indissolublement unis à la liberté politique.

« En montrant l'influence de la liberté politique sur les questions sociales en Angleterre, nous croyons avoir cité un exemple encourageant pour ceux qui se préoccupent de l'avenir de ces mêmes questions en France.

« La liberté et la publicité, ces garanties tuté-

laires de la justice, peuvent seules effacer les
traces des terribles malentendus qui ont éveillé
chez les uns tant d'alarmes, chez les autres tant
de vaines illusions. »

Que la France réfléchisse donc, qu'elle
regarde, qu'elle compare et qu'elle parle.
D'un côté, les hommes de la communauté de
biens, les socialistes de toutes les nuances,
les impies, les terroristes, les orduriers et les
dynamitiens ; de l'autre, un prince élevé
dans l'amour de la France et voulant faire
son bonheur par l'ordre et la liberté bien
entendus, avec l'appui et l'entourage de tout
ce qui est chrétien, honnète, libéral et
patriote.

Oui, c'est à la France, ou plutôt aux Français qui veulent sauver leur pays, de voir s'il
n'est pas temps de faire un suprême effort
pour briser les liens dans lesquels la Répu-

blique l'a enserré. Le programme de notre prétendu gouvernement est connu, et nous le subissons, bien qu'il soit en opposition formelle avec le grand passé et les nobles aspirations actuelles de la France. Mais un grand mouvement de l'opinion se présente qui peut permettre, s'il est bien dirigé, s'il est généralement et patriotiquement pratiqué, de rejeter ces entraves et de revenir à une vie conforme à nos vrais instincts nationaux; mais il faut se saisir de cette occasion, qui pourrait bien être la dernière, en sondant, en préparant bien le terrain de la lutte, c'est-à-dire en marchant aux urnes, drapeau en tête et tous unis d'intention et de cœur, pour faire choix de représentants droits, fermes et énergiques, dans les rangs de la grande et royale union, afin que la fusion qui a été faite, et que la mort a scellée, devienne maintenant une vérité, un drapeau et un moyen pratique de triompher de ceux qui semblent vouloir perdre la France avant d'abandonner le pouvoir. Ainsi firent les hommes de la Commune : avant de quitter Paris, ils y mirent le feu, et ce n'a pas été leur faute, ni conforme à leurs désirs, si les flammes qu'ils y ont jetées ne l'ont pas entièrement réduit en cendres. Voilà nos hommes !

Cependant le programme gouvernemental en voie d'exécution est à rappeler en quelques mots, tant pour aider à la réflexion que pour pousser aux résolutions énergiques.

C'est, d'abord, la guerre à la religion sous le masque de l'opposition au cléricalisme. On avait mis en avant une prétendue neutralité; mais ce mot mensonger ne fut inventé que pour les besoins de la discussion et l'enlèvement des votes. On a, du reste, vu le pouvoir à l'œuvre quand il s'est agi d'exécuter la loi. Se sentant trop gêné dans le texte de cette loi, il se mit au large à coups de décrets : il commença par expulser les congrégations par des moyens aussi lâches qu'improbes ; on sait les détails. Puis vint le tour de la magistrature, et sous le beau nom d'*épuration*, il frappa tout ce qu'il y avait d'intègre, d'éclairé et de français parmi les magistrats. La honte fut complète pour lui, car la magistrature levée elle-même protesta par plus de quatre cents démissions. La République veut une justice à son image, mais la tâche n'est pas facile. Les juges iniques, comme les Cazot, se font justice à eux-mêmes, et les juges, même ceux nommés par la République, deviennent justes au contact de leur fauteuil de magistrat. On ne triomphe jamais définitivement de la religion et de la justice en France.

Après la magistrature, les écoles, les hôpitaux, les régiments, tout est laïcisé ; les chapelles sont fermées, les croix jetées à bas, et partout où il est possible de le faire, Dieu est chassé. Dernièrement encore ne lui a-t-on pas fait subir une expulsion à bref délai? On n'eut que le temps d'aller chercher Notre-Seigneur dans son tabernacle et de le transporter, avec la châsse de la *patronne de Paris et de la France*, du Panthéon à Saint-Étienne du Mont. Il fallait faire de la place à la dépouille de ce fameux poète, qui dans ses dernières productions, avait si bien insulté l'Église catholique et son vénérable chef.

Est-il nécessaire de parler de nos finances? Tout le monde sait, et les coupables l'avouent eux-mêmes, qu'elles sont dans un état plus déplorable qu'elles n'ont jamais été, que toutes les ressources étant épuisées, grâce aux dilapidations administratives et à la folie des expéditions lointaines, la banqueroute est forcément à nos portes, et que tous ces milliards dépensés l'ont été en pure perte pour la patrie, qu'ils n'ont servi qu'à essayer de donner l'accroissement aux idées et aux tentatives liberticides des soi-disant amis de la liberté de conscience ; on devrait plutôt dire de l'affranchissement de toute conscience.

Telle est, en raccourci, la situation épouvantable où nous sommes, et telle est aussi la riante perspective qui nous est faite. Veut-on s'en contenter ? Veut-on courir la chance des horribles événements qui pourraient en être la conséquence ? Il n'y a qu'à se croiser les bras et à laisser avancer l'ennemi. Mon Dieu, nous le savons bien, les Grévy de tous les rangs s'en iront ; mais prenons garde ou la Commune est faite.

A l'œuvre donc !

Quant à Monseigneur le Comte de Paris, il n'a, pour bien faire, pour préparer sûrement les voies au salut de la France, qu'à s'inspirer des sentiments de celui qui l'a béni avant de mourir, et de tous ses grands ancêtres. Dieu, en permettant la mort du Roi, a tracé son devoir au Roi. Il n'a qu'à marcher sur ses traces, à entendre sa voix et à suivre ses exemples. Mais, mieux placé que lui pour agir, il faut qu'il agisse : la France en vaut bien la peine.

Monseigneur le Comte de Paris acceptera donc, nous en avons le ferme espoir, avec l'héritage de tous les droits du comte de Chambord, celui de ses hautes pensées et de ses vertus royales, et un jour viendra où le siècle de révolution que nous venons de traverser n'aura été qu'un mauvais rêve dont la France se réveillera joyeuse, en trouvant, à son réveil, le passé et l'avenir réconciliés pour le bonheur de ses enfants.

6380 — Paris, Imp. L. Philipona, 51, rue de Lille.